AF393296

# DAS PETER-PRINZIP

Der Zusammenhang zwischen Beförderung und Unfähigkeit

Verfasst von Gabriel Verboomen
In Zusammenarbeit mit Brigitte Feys
Übersetzt von Mareike Lobeck

Business 50MINUTEN.de

# DAS PETER-PRINZIP

## SCHLÜSSELINFORMATIONEN

- **Bezeichnung:** Peter-Prinzip
- **Anwendungsbereiche:** Personal- und Leistungsmanagement, Bewertung menschlichen Potenzials
- **Funktionsweise:** abhängig von Mitarbeitern und Organisationsstruktur
- **Schlüsselwörter:**
  - <u>Kompetenz</u>: Wissen und Know-how, das bei einem bestimmten Posten für eine maximale Leistungsfähigkeit notwendig ist.
  - <u>Leistungsfähigkeit</u>: verbunden mit Exzellenz; Kapazität eines Mitarbeiters, bestimmte Aufgaben mit begrenzten Ressourcen auszuführen (Zeit, Geld etc.)
  - <u>Hierarchie</u>: Autoritätsstruktur innerhalb eines Unternehmens bzw. einer Organisation
  - <u>Beförderung</u>: Ernennung eines Mitarbeiters auf einen Posten in einer höheren Hierarchieebene innerhalb der Organisationsstruktur

# EINLEITUNG

Bei der Beschäftigung mit dem Peter-Prinzip sollte bedacht werden, dass es sich – so aufschlussreich es in vielen Situation auch sein mag – um ein satirisches Werk und daher genau genommen nicht um eine wissenschaftliche Wahrheit handelt. In Organisationen, die immer stärker auf Hierarchie bauen, stellt sich die Frage nach internen Beförderungen und den dafür notwendigen Kriterien: Soll die Kompetenz der Mitarbeiter ausschlaggebend für den Aufstieg in der Hierarchie sein? Wie wird Kompetenzniveau gemessen? Ist ein leistungsstarker Mitarbeiter auch zwangsläufig gut im Organisieren?

## Definition

Das Peter-Prinzip besagt, dass in einer gegebenen Hierarchie leistungsstarke Mitarbeiter so lange auf höhere Hierarchieebenen befördert werden, bis sie eine Ebene erreichen, auf der sie ineffizient sind. Wenn die Beförderung nicht rückgängig gemacht werden kann, bedeutet dies, dass jede Struktur ganz natürlich auf ein Gleichgewicht größtmöglicher Ineffizienz zusteuert.

Auch wenn dieses Prinzip zunächst absurd erscheinen mag, ist es für das Personalmanagement dennoch in gewisser Hinsicht interessant: Wessen Beförderung ist sowohl zum Besten des jeweiligen Mitarbeiters als auch des Unternehmens? Unter welchen Bedingungen sollten Beförderungen erfolgen, um die allgemeine Leistungsfähigkeit zu steigern?

# DAS PETER-PRINZIP IN DER THEORIE

Der aus Vancouver (Kanada), stammende Pädagoge und Psychologe Laurence J. Peter (1919-1990) erhält 1958 seinen Abschluss am Western Washington State College und wird kurz darauf Lehrer – während er weiterhin Psychologie und Erziehungswissenschaften studiert, worin er 1963 einen Doktortitel erlangt. Später leitet er das *Evelyn Frieden Center for Prescriptive Teaching* und arbeitet als Koordinator von Programmen für verhaltensgestörte Kinder an der University of Southern California.

Peters erstes Werk, *Prescriptive Teaching*, erscheint 1965, allerdings macht ihn erst die Veröffentlichung des Buches *The Peter Principle*[1] (1969) bei einem breiteren Publikum bekannt, welches er in Zusammenarbeit mit dem bri-

---

1. Aktuelle deutsche Ausgabe: *Das Peter Prinzip oder Die Hierarchie der Unfähigen*. Aus dem Amerikanischen von Michael Jungblut. 17. Aufl. Rowohlt-Taschenbuch-Verlag: Reinbeck 2017.

tisch-kanadischen Schriftsteller Raymond Hull (1919-1985) schreibt.

## HYPOTHESEN DES PETER-PRINZIPS

Wie jedes Wirtschaftsmodell basiert auch das Peter-Prinzip auf Hypothesen. Zu den wichtigsten gehören unter anderem, aber nicht ausschließlich:

- Die hierarchische Struktur eines Unternehmens hat eine natürliche Pyramidenform. Dieses vereinfachte Bild veranschaulicht die streng festgelegten Hierarchieebenen: Das Gros der Mitarbeiter bildet die Basis, diese werden von einer geringeren Anzahl an Führungskräften geleitet, denen wiederum eine noch kleinere Anzahl an Führungskräften vorgesetzt ist usw.

# Pyramidenstruktur

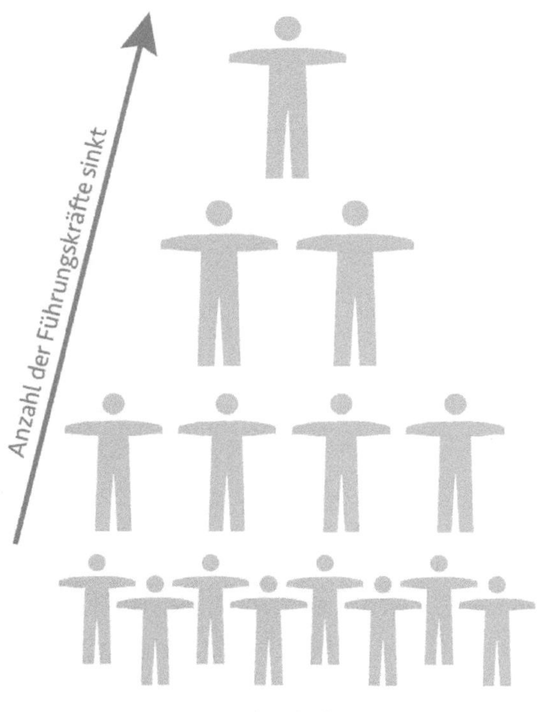



- Die Posten sind genau definiert und umfassen jeweils unveränderliche Tätigkeiten. Jeder, der einen Posten innehat, erfüllt eine bestimmte

Anzahl von Aufgaben. Schafft die jeweilige Person es nicht, ihre Arbeit zu erledigen, wird diese ganz einfach nicht ausgeführt. Erledigt die Person hingegen ihre Arbeit, beschäftigt sie sich auch nicht zusätzlich mit weiteren Aufgaben. Die Beschreibung einer solchen Struktur stammt noch aus den 1960er Jahren. Unternehmen sind heutzutage jedoch wesentlich flexibler und arbeiten beispielsweise projektbezogen oder vernetzen sich anderweitig.

- Die stärkste und wohl umstrittenste Hypothese besagt, dass das Kompetenzniveau eines höhergestellten Postens absolut unabhängig vom Kompetenzniveau des Postens ist, der eine Hierarchieebene darunter steht. Auch wenn ein Mitarbeiter der Beste auf seinem Posten ist und er daraufhin in der Hierarchie aufsteigt, bestimmt dies in keiner Weise sein Kompetenzniveau nach der Beförderung.

Laut dem französischen Informatiker und Mathematiker Jean-Paul Delahaye (geboren 1952) folgt aus der Annahme dieser stark vereinfachenden Hypothesen, dass jede Beförderung schließlich die Leistungsfähigkeit eines Mitarbeiters senkt. Dies beruht auf zwei Effekten:

- **Ratchet-Effekt (Sperrklinken-Effekt):** Beförderungen von Mitarbeitern werden in den seltensten Fällen wieder rückgängig gemacht, sodass eine Rückkehr auf einen früheren Posten meist nicht möglich ist. Ehrgeizige Mitarbeiter steigen weiter auf und bleiben nicht dauerhaft auf einem Posten, wo sie gute Leistungen erbringen. Diese Dynamik setzt sich solange fort, bis sie die für sie höchste Ebene erreichen, wo sie nicht mehr länger überdurchschnittliche Leistungen zeigen. Auf dieser Ebene stecken sie nun quasi fest, da sie weder „degradiert" noch weiter befördert werden können.

- **Statistischer Effekt der Regression zur Mitte (Normalverteilung):** Bei einem „normalen" Zufallsereignis ist die Wahrscheinlichkeit größer, dass sich ein Ergebnis dem Durchschnitt annähert (normalverteilt ist), als dass es wesentlich höher oder niedriger als der Durchschnitt ausfällt. Regression zur Mitte besagt, dass nach einem ungewöhnlichen Ergebnis beim folgenden Versuch ein Ergebnis erzielt wird, das näher am Durchschnitt liegt. Beschließt also ein Unternehmen, einen überdurchschnittlich kompetenten Mitarbeiter auf einen anderen Posten zu versetzen, wird dessen Kompetenz dadurch neu und rein zufällig festgelegt, wobei die Wahrscheinlichkeit eines lediglich durchschnittlichen Ergebnisses nun sehr hoch ist.

### Das Peter-Prinzip

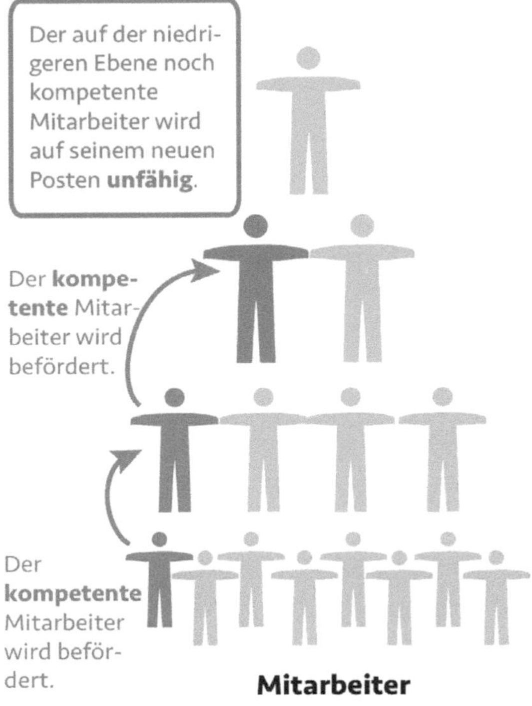

Hinter den Hypothesen des Peter-Prinzips versteckt sich also eine beunruhigende Wahrheit: Jeder Posten wird im Laufe der Zeit mit zunehmender Wahrscheinlichkeit von einem inkompetenten Mitarbeiter besetzt, während ein Posten gleichzeitig umso wichtiger für die allgemeine Leistungsfähigkeit einer Struktur ist, je höher er sich in der Hierarchie befindet. Das bedeutet jedoch nicht, dass die Basis der Pyramide weniger essentiell für einen leistungsstarken Unternehmensbetrieb ist – ganz im Gegenteil. Wird die Pyramidenstruktur generell angenommen und dabei jeder Ebene die gleiche Wichtigkeit zugeschrieben, so bedeutet das lediglich, dass ein einzelner Posten für die allgemeine Leistungsfähigkeit dort umso einflussreicher ist, wo es weniger Posten gibt. So macht beispielsweise bei 2 Führungskräften und 5 Mitarbeitern die individuelle Kompetenz einer Führungskraft 50 % der Leistungsfähigkeit dieser Hierarchieebene aus, während die individuelle Kompetenz eines untergebenen Mitarbeiters nur 20 % der Leistungsfähigkeit seiner Hierarchieebene entspricht.

Unter Berücksichtigung der Hypothesen des Peter-Prinzips und vor allem des Ratchet-Effekts scheint es einleuchtend, dass „jeder Beschäftigte dazu [neigt], bis zu seiner Stufe der Unfähigkeit aufzusteigen" (Peter, Hull: S. 19). Eine Struktur erreicht also ihr natürliches Gleichgewicht, wenn jeder Posten von jemandem eingenommen wird, der nicht in der Lage ist, die entsprechenden Verantwortlichkeiten zu übernehmen.

## DIE UNFÄHIGEN

Peter entwickelt das Prinzip in einem eigenen Wissenschaftszweig, den er „Hierarchologie" nennt.

Zur konkreten Anwendung testet er sein Modell in von ihm beobachteten Organisationssituationen. Natürlich erkennt er dabei auch Ausnahmen von seinem Prinzip. So werden beispielsweise nicht immer die kompetentesten Mitarbeiter befördert. Peter nennt mehrere Fälle, in denen stattdessen unfähige Mitarbeiter befördert wurden, und erklärt, wie es dazu kam:

- **Geräuschlose Sublimierung bzw. Pseudobeförderung:** Diese Strategie, bei der eine offensichtlich unqualifizierte Person auf eine höhere Ebene befördert wird, nährt bei allen die Hoffnung, dass auch sie eines Tages befördert werden könnten. Das ist riskant, da das Ziel dabei ist, Mitarbeiter zu täuschen, die nicht Teil der (höheren) Hierarchie sind.

- **Seitliche Arabeske:** Hier wird jemand Unfähiges auf einen neu geschaffenen Posten mit hochtrabendem Namen (und meist abgelegenem Büro) befördert, um den Schaden zu begrenzen, den die Person an ihrem aktuellen Posten anrichten kann.
- **Peters Inversion:** In diesem Fall ist die Beförderung einer unfähigen Person vielmehr an deren Einhaltung von hierarchisch vorgeschriebenen Regeln (beispielsweise Prozesse, Arbeitsabläufe) als an Leistungsfähigkeit geknüpft. Mittel und Zweck werden hierbei also umgekehrt: Die Regeln bestehen zwar eigentlich, um die Produktivität zu steigern, jedoch wird die Einhaltung der Regeln über die Produktivität gehoben.
- **Ausschluss aus der Hierarchie:** Um zu vermeiden, dass ein Mitarbeiter nach seiner Beförderung die Absurdität des Systems

erkennt und dagegen vorgehen möchte, wird lieber ein unfähiger Mitarbeiter befördert.

## ENDPLATZIERUNGSMERKMALE

Peter zufolge ist es einfach, die Symptome der Unfähigkeit selbst bzw. die Anzeichen dafür, dass Unfähigkeit vor anderen bzw. vor sich selbst verborgen wird, zu erkennen. Die sogenannten Endplatzierungsmerkmale täuschen Professionalität lediglich vor.

- **Ordnungswahn:** unnötiger Drang, alles zu ordnen, um (sich) vorzugaukeln, wichtige Arbeit(en) zu verrichten
- **Tabula-Gigantismus:** von Lateinisch *tabula* (Tisch); Wunsch eines Unfähigen nach dem größten Schreibtisch
- **Papyromanie:** von Griechisch *papyros* (Papier) und Spätlateinisch *mania* (Manie, Besessenheit); Symptom des Unfähigen, Papier auf seinem Schreibtisch anzuhäufen – und augenscheinliche Unordnung zu schaffen –, um so vorzugeben, unheimlich beschäftigt zu sein
- **Papyrophobie:** von Griechisch *papyros* (Papier) und *phobos* (Angst); Symptom des Unfähigen, kein Papier an seinem Arbeitsplatz zu tole-

rieren. Wenn auf dem Schreibtisch Ordnung herrscht, glauben die Kollegen, Vorgesetzten – und vielleicht sogar der Mitarbeiter selbst –, dass die Arbeit effizient ausgeführt wird.

- **Phonophilie:** von Griechisch *phōné* (Ton, Stimme) und *philos* (Freund); Symptom des Unfähigen, seine Unfähigkeit damit zu erklären, dass es ihm an Kontakt zu Kollegen und Untergebenen mangelt, sodass er mehrere Telefone und Diktiergeräte auf seinem Schreibtisch installiert. Dieses „Symptom" sollte sicherlich an den heutigen Stand der Technik angepasst werden, der sich vom Jahr 1969, in dem das Werk veröffentlicht wurde, doch deutlich unterscheidet.
- **Rigor Cartis:** aus dem Lateinischen; Obsession für Grafiken, Schemata und Organigramme, mit denen vorgegeben werden kann, eine Situation zu beherrschen
- **Initial- und Zahlencodophilie:** Symptom des Unfähigen, in Initialen, unverständlichen Abkürzungen und Zahlen zu sprechen, um Nicht-Eingeweihten die Illusion einer gewissen Professionalität zu vermitteln. Der Unfähige verkompliziert die Dinge, um sich wichtig zu fühlen.

- **Structurophilie:** von Lateinisch *structura* (Struktur, Bau) und Griechisch *philos* (Freund); durch seine Vorliebe für Arbeit in einem strukturierten Rahmen ist der Unfähige so von Ordnung und der Pflege seines Arbeitsplatzes besessen, dass er seine eigentliche Arbeit vernachlässigt
- **Wanken und Wackeln:** der Unfähige trifft selten Entscheidungen und schiebt die Dinge lange auf
- **abnorme Tabulogie:** von Lateinisch *tabula* (Tisch); Symptom des Unfähigen, jegliches Arbeitsmaterial in ungewöhnlicher, seltsamer Weise zu ordnen

Peter relativiert seine Aussage jedoch, indem er erklärt, dass glücklicherweise nicht alle Posten an der Hierarchiespitze der Politik-, Sozial- und Wirtschaftssysteme durch Unfähige besetzt seien. Er betont vielmehr, dass die Hierarchiestruktur einer Organisation meist zu klein ist, als dass sehr kompetente Mitarbeiter bereits an ihre Grenzen stoßen würden – wobei von ihnen auch nicht allzu viele benötigt werden, da sie ansonsten eh ausgeschlossen würden. Allerdings werden kompetente Führungskräfte häufig von größeren Unternehmen eingestellt, wo sie weiter aufsteigen können, bis auch sie schließlich die Schwelle zur Unfähigkeit überschritten haben.

# DAS PETER-PRINZIP: SCHWÄCHEN UND ERGÄNZUNGEN

## SCHWÄCHEN UND KRITIK

Gerade unter Berücksichtigung der Grundhypothesen des Modells treten dessen Schwächen besonders deutlich zutage:

- Heutzutage sind Organisationen meistens wesentlich komplexer als die von Peter beschriebene Pyramidenform. So werden beispielsweise Mitarbeiter, die andere koordinieren, nicht unbedingt im Vorfeld offiziell befördert und die verschiedenen Abteilungen stehen häufig – zumindest theoretisch – auf ein und derselben Stufe. Zudem werden Dezentralisierung und Empowerment (Autonomie, Selbstbestimmung) gefördert und es besteht die Tendenz der „Abflachung der Hierarchie", mit dem Ziel, einfache, rein vertikale Hierarchien zu reduzieren. Möglicherweise ist dies eine moderne Möglichkeit, die Effekte des Peter-Prinzips zu vermeiden, die noch aus einer Zeit stammen, wo Hierarchien wesentlich starrer waren.

- Posten sind heute nicht mehr unveränderlich. Erweist sich die Person, die auf einen Posten befördert wurde, als unfähig und wird ihrer Verantwortung nicht gerecht, ist es sehr wahrscheinlich, dass ein großer Teil ihrer Aufgaben nach und nach anderen Posten zugewiesen werden.
- Ebenso stellt die Motivation ein Problem dar, da sie einen Teil der Kompetenz eines Mitarbeiters ausmacht. Ein auf einer bestimmten Hierarchieebene leistungsstarker Mitarbeiter ist dies zweifelsfrei auch dank seiner Motivation. Kann er sich diese bewahren, wird er sich vermutlich auch leichter neue Fähigkeiten aneignen können, die für einen höheren Posten benötigt werden, und somit insgesamt seine Leistung steigern.
- Die aktuelle Personalfluktuation ist beachtlich: Es wird davon ausgegangen, dass Berufseinsteiger heutzutage ungefähr fünfmal ihre Funktion bzw. das Unternehmen wechseln.

- Anfechtbar ist aber auch gerade die Hypothese, nach der das Kompetenzniveau eines Postens an sich unabhängig vom Kompetenzniveau eines untergeordneten Postens sei. Andere Wissenschaftler wie die italienischen Physiker Alessandro Pluchino und Andrea Rapisarda sowie der Soziologe Cesare Garofalo kehren Peters Hypothese um und bieten damit eine ganz neue Perspektive auf das Prinzip. In ihrem Artikel „The Peter Principle Revisited: A Computational Study" bezeichnen sie ihren Ansatz als Hypothese des „gesunden Menschenverstands". Das Kompetenzniveau eines höheren Postens hängt danach durchaus vom Kompetenzniveau des untergeordneten Postens ab, wovon es etwas +/- 10 % abweicht.

Der von Peter erbrachte empirische Beweis der Unfähigkeit ist ebenfalls mit Vorsicht zu genießen. Die Symptome umfassen eine so große Anzahl an Verhaltensweisen, dass sie nicht – wie einige dies tun – als scheinbarer Nachweis des Peter-Prinzips gewertet werden können. So kommt es zu paradoxen Szenarien, wenn die Definitionen wörtlich genommen werden: Unfähig ist, wer zu großen Wert auf Ordnung legt oder sich zu autoritär verhält, aber ebenso, wer nicht ordentlich oder autoritär genug ist. Ein Übermaß dieser Verhaltensweisen ist zwar grundsätzlich kontraproduktiv, in den meisten Fällen handelt es sich bei den vorgeblichen Symptomen allerdings um eher positive Eigenschaften. Gerade deshalb nehmen Unfähige diese Verhaltensweisen ja auch an – und treiben sie auf die Spitze –, da sie so ihre Unfähigkeit verbergen. Das Peter-Prinzip lässt sich also kaum beweisen, außerdem legt der sarkastische Ton des Werks nahe, dass Peter mit seiner Theorie keinen wissenschaftlichen Anspruch erhebt.

## ERGÄNZUNGEN UND VERWANDTE MODELLE

Das Peter-Prinzip kann mit zu einer Reihe ähnlicher „Gesetze" gezählt werden, die mehr oder weniger humoristisch und zynisch Organisationen (bzw. deren Strukturen) beschreiben und sich dabei eher weniger um wissenschaftliche Genauigkeit kümmern. Dennoch machen einige von ihnen auf kritische Situationen aufmerksam, von denen die meisten Organisationen tatsächlich betroffen sind.

## Parkinsons Gesetz

Eines davon ist das Parkinson'sche Gesetz (1955) des britischen Historikers Cyril Northcote Parkinson (1909-1993), nach dem für das Erledigen einer bestimmten Arbeit exakt so viel Zeit benötigt wird, wie der jeweiligen Person zur Verfügung steht. Im übertragenden Sinne bedeutet dies, dass alle einem Projekt zugeteilten Ressourcen (Zeit, Geld, Arbeitskraft etc.) auch aufgebraucht werden. Daraus ergeben sich zwei Konsequenzen:

- **Vervielfachung der Untergebenen:** Gelingt einem Angestellten die Umsetzung eines Projekts nicht, hat er nur zwei Möglichkeiten. Entweder gibt er einen Teil seiner Arbeit an eine Person ab, die damit zu einem potenziellen Rivalen wird, oder er bittet seine Untergebenen um Unterstützung. In den meisten Fällen wird die zweite Möglichkeit gewählt, da der Angestellte so einerseits seinen Posten schützt und das Vorgehen ihm andererseits mehr Bedeutung verleiht. Er versammelt dabei mehrere Untergebene um sich, um alle anfallenden Aufgaben unter ihnen aufzuteilen. Dadurch, dass keine Aufgabe vollständig von einer Person allein erledigt wird, kann auch niemand zu einem potenziellen Rivalen werden.

- **Vervielfachung der Arbeit:** Sowohl bei der Arbeit mit Gleichrangingen als auch bei der Arbeit mit Untergebenen vervielfacht sich die Arbeitslast allein dadurch, dass zu mehreren gearbeitet wird. Oft dauert es ebenso lang, die Arbeit zu koordinieren wie sie auszuführen. Zudem gibt es meistens eine Person im Team, die nicht gut delegieren kann und daher mehr Verantwortlichkeiten übernimmt, weshalb sich die Gesamtmenge der Arbeit schließlich dem annähert, was auch eine Person allein hätte erledigen können. Im Endeffekt muss sich ein ganzes Team um eine Arbeit kümmern, die auch von einer Person allein hätte übernommen werden können; hinzu kommt die Zeit, die für die entsprechende Koordinierung nötig ist.

## Das Dilbert-Prinzip

An dieser Stelle sei ebenfalls das Dilbert-Prinzip des amerikanischen Comiczeichners Scott Adams (geboren 1957) genannt, das nach dessen gleichnamiger Comic-Serie *Dilbert* benannt ist.

Adams zufolge werden gerade die Unfähigen sofort zu Managern befördert, ohne sich jemals durch besondere Fähigkeiten hervorgehoben zu haben. Damit ist sein Prinzip noch radikaler als Peters, da davon ausgegangen wird, dass die Management-Positionen bewusst Unfähigen anvertraut werden, damit diese keinen Schaden verursachen können. Das setzt natürlich voraus, dass Management generell unnötig ist.

## Vergleich des Peter-Prinzips mit dem Dilbert-Prinzip

### Peter-Prinzip

1. Der **kompetente** Mitarbeiter wird befördert.

2. Der auf der niedrigeren Ebene noch kompetente Mitarbeiter wird auf seinem neuen Posten **unfähig**.

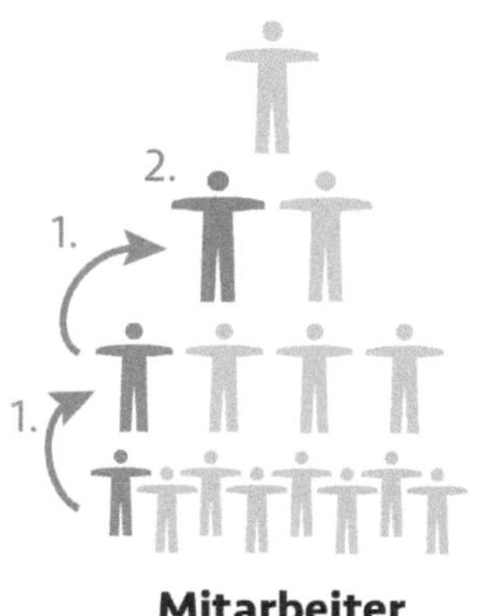

### Dilbert-Prinzip

A. Der **kompetente** Mitarbeiter wird nicht befördert, da er unersetzlich ist.

B. Der **unfähige** Mitarbeiter wird sofort auf eine höhere Ebene befördert, wo er weniger Schaden anrichtet

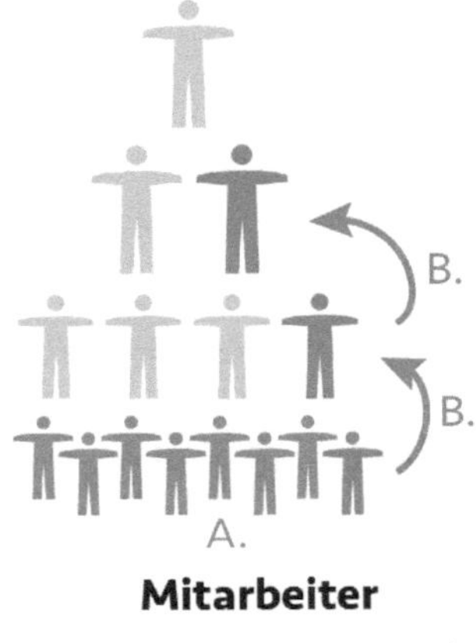


Es handelt sich bei diesen Prinzipen zwar um keine wirklichen Modelle – da ihnen die Wissenschaftlichkeit fehlt –, empirisch betrachtet halten sie der theoretischen Leistung von Wirtschaftsmodellen allerdings durchaus stand. Nur weil diese Modelle offensichtlich ihre Grenzen haben, muss man sie jedoch auch nicht völlig ignorieren – schließlich wäre es wohl in niemandes Interesse, wenn Beförderungen rein willkürlich verteilt würden.

# DAS PETER-PRINZIP IN DER PRAXIS

Fallstudien des Peter-Prinzips sind paradoxerweise gleichzeitig zahlreich und inexistent. Zahlreich deswegen, weil sich wohl jeder leicht eine Situation vorstellen kann, in der eine unfähige Person befördert wird, oder auch an seinen Kollegen oder Vorgesetzten eines der von Peter beschriebenen Merkmale ausmachen kann. Ob es sich dabei wirklich um Fälle von Unfähigkeit handelt, ist jedoch eine ganz andere Frage. Es ist recht schwierig, die Leistung eines Mitarbeiters zu messen – und die meisten Personalverantwortlichen kennen dieses Problem nur zu gut. Genauso finden Mitarbeiter ihre Vorgesetzten häufig unfähig, da es eben einfacher ist, Verantwortliche zu kritisieren als selbst Verantwortung zu übernehmen. In der Literatur werden meist Fälle von eindeutiger Unfähigkeit vorgestellt, allerdings entspringen diese auch grundsätzlich der Fantasie der Peter-Prinzip-Anhänger. Beispiele, die auf wahren Fällen beruhen, existieren nicht.

# CATANIA-STUDIE

Alessandro Pluchino, Andrea Rapisarda und Cesare Garofaldo erzählen in ihrem Artikel „The Peter Principle Revisited: A Computational Study" nicht die üblichen Geschichten, sondern testen das Modell auf eine andere Weise. Anhand einer Computer-Simulation zeigen sie, wie sich eine pyramidale Organisationsstruktur unter verschiedenen Beförderungsbedingungen entwickelt. Für ihren Artikel mit erstaunlichen Schlussfolgerung gewannen sie den Ig-Nobelpreis – eine Parodie des echten Nobelpreises, die kuriose Forschungsergebnisse auszeichnet. Die Studie der drei Wissenschaftler ist jedoch trotzdem seriös und ihre verblüffenden Ergebnisse unterstützen Peters humorvolle Aussagen und Hypothesen.

## Definition einer fiktiven Organisationsstruktur

In einem Computerprogramm (das in NetLogo geschrieben ist, einer Programmiersprache, die speziell für Multi-Agenten-Simulationen entwickelt wurde und sich besonders gut zum Testen verschiedener Aspekte der Spieltheorie eignet) definieren sie eine fiktive Organisationsstruktur aus sechs Hierarchieebenen (mit jeweils 81, 41, 21, 11, 5 und einem Agenten). Jeder Agent wird durch sein Alter (zwischen 18 und 60) und ein Kompetenzniveau zwischen 1 und 10 beschrieben.

Zu Beginn der Simulation werden Alter und Kompetenzniveaus nach der im Folgenden näher beschriebenen Normalverteilung zufällig festgelegt.

## GUT ZU WISSEN: DIE NORMALVERTEILUNG

Bei einer Normalverteilung ist die Wahrscheinlichkeit hoch, dass ein Ergebnis erreicht wird, das sich dem Durchschnitt annähert – der in der grafischen Darstellung als Nullwert gesetzt wird. Zudem nimmt die Wahrscheinlichkeit ab, ein höheres oder niedrigeres Ergebnis zu erhalten. Es wird angenommen, dass diese Wahrscheinlichkeitsverteilung große Stichproben am besten darstellt und dass schon per Definition mehr durchschnittliche Ereignisse eintreffen als außergewöhnliche.

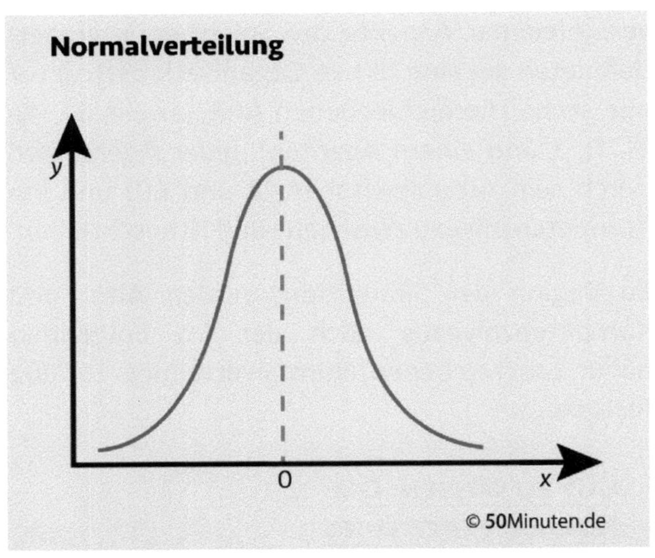


## Simulation

Ist die Ausgangssituation festgelegt, wird mit der Simulation begonnen. Bei jeder neuen „Spielrunde" wird das Alter der Agenten inkrementiert (erhöht). Agenten, die 60 Jahre überschreiten, verschwinden und die entstehenden Lücken werden durch die Beförderung von Agenten aus unteren Ebenen geschlossen. Freie Stellen auf der untersten Ebene werden wieder gefüllt, indem neue Agenten einbezogen werden, deren Alter und Kompetenzniveau zufällig bestimmt werden.

Wechselt ein Agent die Hierarchieebene, ändert sich auch sein Kompetenzniveau je nach getesteter Hypothese:

- **Peter-Hypothese:** Das neue Kompetenzniveau ist rein zufällig.
- **Hypothese des gesunden Menschenverstands:** Das neue Kompetenzniveau ist entweder 10 % höher oder niedriger als das vorherige.

In beiden Fällen wird die allgemeine Leistung des Systems gemessen, die der durchschnittlichen Leistung aller Ebenen entspricht. Dabei sollte die persönliche Leistung eines Mitarbeiters ansteigen, je weiter er in der Hierarchie aufsteigt.

Die Forscher stellen sich natürlich die gleiche Frage wie jeder Manager auch: Wer soll befördert werden? Für jede der Hypothesen testen sie drei Beförderungsarten:

- Beförderung des besten Mitarbeiters
- Beförderung des Unfähigsten

- Beförderung eines zufällig ausgewählten Mitarbeiters

## Ergebnisse

Die Systemleistung erreicht sehr schnell ein Gleichgewicht.

## Beförderungsarten und Ergebnisse

| Beförderungsarten | Ergebnisse nach der Hypothese des gesunden Menschenverstands | Ergebnisse nach der Peter-Hypothese |
|---|---|---|
| Beförderung des besten Mitarbeiters | hohe Effizienz | schwache Effizienz |
| Beförderung des Unfähigsten | schwache Effizienz | hohe Effizienz |
| Beförderung eines zufällig ausgewählten Mitarbeiters | mittlere Effizienz | mittlere Effizienz |

Bei den Ergebnissen zur Hypothese des gesunden Menschenverstands gibt es keine großen Überraschungen. Die allgemeine Leistung ist gut, wenn gute Mitarbeiter befördert werden, sie ist schlecht, wenn schlechte Mitarbeiter befördert werden. Die zufällige Beförderung hat keine größere Auswirkung auf die allgemeine Leistung.

Das Ergebnis zur Peter-Hypothese ist jedoch erstaunlich – weswegen die Forscher auch den Ig-Nobelpreis gewannen: Unfähige Mitarbeiter sollten befördert werden. Wird ein besonders schlechter Mitarbeiter aus einer bestimmten Ebene herausgezogen, stehen die Chancen gut, dass er durch jemand besseren ersetzt wird, da der Großteil der Agenten durchschnittlich ist. Zudem wird die Leistung des Schlechten „neu ausgewürfelt", d. h. sie unterliegt dem Zufall, sobald dieser einer neuen Ebene zugeteilt wird, wobei die Wahrscheinlichkeit hoch ist, nun ein durchschnittliches Ergebnis zu erzielen. Sollte der Zufall ihm erneut ein schlechtes Kompetenzniveau zuweisen, wird der Agent in der nächsten Runde noch eine Ebene weiter aufsteigen. Daher ist die Beförderung des schlechtesten Mitarbeiters die logische Schlussfolgerung der

Peter-Hypothese. Der Zufall bleibt, wie schon bei der Hypothese des guten Menschenverstands, neutral. Bei der Beförderung des Besten tritt genau das ein, was Peter beschrieben hat: Sie lässt alle Agenten soweit aufsteigen, bis sie ihr jeweiliges Unfähigkeitsniveau erreicht haben, wodurch die allgemeine Leistung miserabel wird.

## Schlussfolgerung

Daraus ergibt sich entweder, dass Peter recht hat und Managern daher nur empfohlen werden könne, ihre schlechtesten Mitarbeiter zu befördern – oder dass das Kompetenzniveau auf einem höheren Posten letztlich doch eine einfache Abwandlung der Kompetenz des niedrigeren Postens ist und dass dementsprechend die Beförderung der besten Mitarbeiter zu bevorzugen sei.

## EMPFEHLUNGEN

Peter betrachtet das Problem im Allgemeinen ein wenig zu statisch und zu vereinfachend. So lässt sich etwa darüber streiten, ob das Kompetenzniveau auf einem Posten tatsächlich konstant ist. Wenn das bestehende Personalmanagement effizient ist, folgen auf regelmäßige Leistungsmessungen auch Gespräche mit den Personal- und Fortbildungsverantwortlichen, um die Effizienz der geleisteten Arbeit noch zu steigern.

Dies hat natürlich auch einige Nachteile:

- Zum einen werden passende Leistungskennzahlen (Key Performance Indicators) benötigt, um die geleistete Arbeit so objektiv wie möglich zu bewerten. Für Verkäufer könnten beispielsweise die Anzahl der potenziellen Kunden, die das Geschäft betreten haben (zu diesem Zweck installieren immer mehr Geschäfte Sensoren), und der vom Verkäufer kassierte Betrag gemessen werden, um die beiden Werte anschließend zueinander ins Verhältnis zu setzen. Bei Beamten oder Büroangestellten gestaltet sich die Leistungsmessung jedoch um einiges schwieriger. Peter scheint sich, wenn er von Unfähigkeit spricht, jedoch eher auf ein unbestimmtes Gefühl als auf genaue Indikatoren zu stützen.
- Zum anderen sind effizientes Personalmanagement und entsprechende Fortbildungen kostspieliger und schwieriger umzusetzen, als

einfach die Leistung der Mitarbeiter zu messen und gute Mitarbeiter direkt entsprechend ihrer Erfahrung zu befördern.

Unabhängig vom Wahrheitsgehalt der Peter-Hypothese können Manager Hierarchie auf zwei unterschiedliche Weisen betrachten:

- Werden alle Funktionen und damit verbundenen Fähigkeiten genau definiert, vereinfacht dies die Verwendung von Leistungskennzahlen und die Leistungsbewertung bei weitem.
- Wird die Arbeitsbeschreibung jedoch absichtlich vage gehalten, ist es zwar einerseits wesentlich einfacher, jemanden von Funktionen zu entbinden, zu denen er nicht fähig ist, andererseits nimmt die Effizienz aber auch deutlich ab.

Es wäre ebenfalls möglich, die Mitarbeitermobilität zu erhöhen, indem der Sperrklinkeneffekt außer Kraft gesetzt wird. Degradierungen passieren häufiger als Peter glauben mag.

## Nicht-Bestätigung der Peter-Hypothese

Falls sich die Peter-Hypothese als unzutreffend herausstellt, erweist sich das System des gesunden Menschenverstands (Beförderung der Besten), das in den meisten Unternehmen angewandt wird, als sehr effizient. Es bietet gleich zwei Vorteile, da es sowohl Mitarbeiter motiviert, in der Hoffnung auf eine Beförderung mehr Leistung zu erbringen, als auch dem Unternehmen Fortbildungen erspart, da die Mitarbeiter selbst alles dafür tun, das Kompetenzniveau für einen höheren Posten zu erreichen.

## Bestätigung der Peter-Hypothese

Sollte sich die Peter-Hypothese jedoch bestätigen, wäre dies bei weitem problematischer. Werden tatsächlich die Unfähigsten befördert, so sollte dies sehr diskret geschehen, da ansonsten andere Mitarbeiter demotiviert werden könnten. Stattdessen sind finanzielle Anreize zu bevorzugen, während von einem System, das Beförderungen als Belohnung einsetzt, Abstand genommen werden sollte.

Diese Art der Beförderung hat seine Grenzen, da sie dem Unternehmen hohe Kosten verursacht, ohne dass dabei die Kandidaten gefunden werden, die am besten für den Posten geeignet wären.

Wenn sich die Peter-Hypothese allerdings wirklich als wahr herausstellt und wenn der Sperrklinken-Effekt in der Tat so unnachgiebig ist, wie Peter anzunehmen scheint, ist die einzig vernünftige Lösung, die Mitarbeiter so effizient wie möglich zu begleiten, ihr Kompetenzniveau regelmäßig zu messen und sie wenn nötig zu motivieren und fortzubilden. Dies verursacht weit höhere Kosten für ein Unternehmen als einfach ausreichende Konkurrenz zwischen Mitarbeitern zu schaffen, damit diese sich auf allen Hierarchieebenen um Kompetenz bemühen.

# ZUSAMMENGEFASST

- Das von Laurence J. Peter und Raymond Hull entwickelte Peter-Prinzip erscheint in ihrem satirischen Werk *The Peter Principle* im Jahr 1969. Zu dieser Zeit bewegen sich Unternehmen in einem stabilen und wirtschaftlich vielversprechenden Umfeld, weswegen sie ihre Strukturen ausbauen und weiterentwickeln und sich daher unweigerlich auch mit Beförderungen beschäftigen.
- Das Peter-Prinzip basiert auf der folgenden Hypothese: Eine Organisation befördert kompetente Mitarbeiter solange, bis diese einen Posten erreichen, für den ihr Kompetenzniveau nicht mehr ausreicht, von dem sie aber auch nicht mehr abgesetzt werden können. Die Organisation steuert daher auf einen Zustand allgemeiner Unfähigkeit zu.
- Peters Theorie hilft vor allem Managern, Personalbewegungen so zu führen, dass die allgemeine Leistung des Unternehmens gesteigert wird. Dazu sollten Kompetenzen und kollektive Intelligenz entsprechend gefördert

werden, da zwar Einzelpersonen nicht perfekt sind, Teams dies aber durchaus werden können.

- Die Hypothesen des Modells werden kontrovers diskutiert, besonders die Aussage, die für einen neuen Posten benötigten Kompetenzen würden nicht von denen des vorherigen Postens abhängen.
- Andere Gesetze – wie z. B. Parkinsons Gesetz, nach dem eine Organisationsstruktur die natürliche Tendenz hat, sich bis zur Ineffizienz aufzublähen – führen in die gleiche Richtung wie das Peter-Prinzip.
- Empfehlungen:
  - Falls sich die Peter-Hypothese nicht bestätigt, sollte man sich auf seinen gesunden Menschenverstand verlassen und die Besten befördern.
  - Falls sich die Peter-Hypothese jedoch bestätigt, sollten:
    * heimlich die Schlechtesten befördert werden.
    * finanzielle Anreize als Belohnung vorgezogen werden, ohne dass Mitarbeiter ihre Funktion wechseln.

* alle Mitarbeiter einzeln evaluiert und
für Bewegung innerhalb der einzelnen
Hierarchieebenen gesorgt werden.

*Ihre Meinung ist uns wichtig!
Hinterlassen Sie doch einen Kommentar auf der
Seite unserer Online-Buchhandlung
und teilen Sie Ihre Favoriten in den sozialen
Netzwerken!*

# DARÜBER HINAUS

## LITERATURVERZEICHNIS


- Blary, Jean-Luc: „Le principe de Peter". In: *Lettre d'ADELI* 36(Juli 1999).
  http://www.adeli.org/document/212-l36p41pdf
  (22.06.2108).

- Delahaye, Jean-Paul: „Le principe de Peter". In: *Pour la science* 407(Sep. 2011). S. 82-87.

- Peter, Laurence Johnson; Hull, Raymond: *Das Peter Prinzip oder Die Hierarchie der Unfähigen*. Aus dem Amerikanischen von Michael Jungblut. 17. Aufl. Rowohlt-Taschenbuch-Verlag: Reinbeck 2017.

- Pluchino, Alessandro; Rapisarda, Andrea; Garofalo, Cesare: „The Peter Principle Revisited: A Computational Study". In: *Physica A. Statistical Mechanics and its Applications* 3(389, Feb. 2010). S. 467-472.
  http://arxiv.org/pdf/0907.0455v3.pdf
  (22.06.2018).


## WEITERFÜHRENDE LITERATUR


- Adams, Scott: *Dilbert*. Homepage des Comiczeichners (auf Englisch).
  http://dilbert.com/ (22.06.2018).

- Adams, Scott: *Das Dilbert-Prinzip. Die endgültige Wahrheit über Chefs, Konferenzen, Manager und andere Martyrien.* Aus dem Amerikanischen von Markus Schurr und Wolfram Ströhle. Redline Verlag: München 2003.

- Okun, Bernd; Hoppe, Hans Joachim: *Professionelle Führung in Welt 2. Von Führungsfrust zu Führungslust.* Springer Gabler: Wiesbaden 2014.

- Parkinson, Cyril Northcote: *Parkinsons Gesetz und andere Studien über die Verwaltung.* Econ: Düsseldorf 1999.

- Peter, Laurence Johnson: *Schlimmer geht's immer. Das Peter-Prinzip im Lichte neuerer Forschung.* Rowohlt: Reinbeck 1995.

## MEHR AUF 50MINUTEN.DE

- Mimbang, Jean-Blaise: <u>Die Spieltheorie. Nash und das Gefangenendilemma</u>. Aus dem Französischen von Mareike Lobeck. Plurilingua Publishing: Brüssel 2018.

- Pichère, Pierre: <u>Parkinsons Gesetz. Die Tücken der Bürokratie</u>. Aus dem Französischen von Mareike Lobeck. Plurilingua Publishing: Brüssel 2018.

# SCHMÖKERN SIE SICH SCHLAU!

## www.50Minuten.de

Die präsentierten Inhalte werden vom Herausgeber überprüft, dennoch übernimmt dieser keine Haftung für die inhaltliche Richtigkeit, Vollständigkeit und Aktualität der vorgestellten Inhalte.

**© 50Minuten.de, 2018. Alle Rechte vorbehalten.**

www.50Minuten.de

ISBN digitale Ausgabe: 9782808009867

ISBN gedruckte Ausgabe: 9782808010795

Pflichtexemplar: D/2018/12603/278

Cover: © Plurilingua

Digitale Aufbereitung: Primento, der digitale Partner der Herausgeber